THE GLASGOW GOSPEL

The GLASGOW GOSPEL

Jamie Stuart

SAINT
ANDREW
PRESS
EDINBURGH

First published in 1992 by
SAINT ANDREW PRESS
121 George Street, Edinburgh EH2 4YN

Reprinted 1992 **(twice)**

Copyright © Jamie Stuart 1992

ISBN 0 7152 0664 8

British Library Cataloguing in Publication Data
Stuart, Jamie
Glasgow Gospel
I. Title
232.901

ISBN 0-7152-0664-8

This book has been set in **Garamond**.

Cover photograph by Walter Bell.
Cover design by Mark Blackadder.
Printed and **bound** by
Athenaeum Press Ltd, Newcastle upon Tyne.

Contents

ACKNOWLEDGMENTS

The Author would like to express his sincere thanks to the following for their correspondence and assistance in the preparation of this book:

Revd John Campbell
Archie P Lee
and *Dr Donald Smith.*

Gratitude is also extended to
Revd John D Hegarty
and the members of
High Carntyne Parish Church, Glasgow,
for their support and encouragement.

FOREWORD
by Hugh R Wyllie

Having been born, brought up and having worked in Glasgow, I am 'fair delighted' to have been asked by Jamie Stuart to commend his latest book *The Glasgow Gospel*.

Although accents, dialects and idioms differ as to whether one stayed north or south of the river Clyde, both halves of this great city trace their roots back to a common source—to the Church. It was around the church dedicated to St Kentigern, known to Glaswegians as Mungo, that the city grew up. It was the church which gave the people of Glasgow their first school, university, hospital, even their first bridge across the river.

The Christian faith has continued to play through the centuries a formative part in the life of Glasgow and in the lives of its citizens. Here is the chance, preferably by reading *The Glasgow Gospel* out aloud to oneself, to capture fresh insights of the eternal truths of the Gospel of Jesus Christ through the character and appeal of Glasgow's own pithy and pungent patter.

For one of its city centre churches, a

special bell was cast in 1631. On it were inscribed the words which became the motto of the city itself—

'Lord, let Glasgow flourish by the preaching of Thy word and the praising of Thy name.'

Jamie Stuart in his inimitable style makes here his own remarkable contribution to the fulfilling of this original motto.

In *The Glasgow Gospel*, he both preaches the Word and praises God's name.

Hamilton, 1992

INTRODUCTION

by John Campbell

'Your accent gives you away.' That's what the maid said to Peter as he warmed himself by the fire in the palace courtyard. Peter was trying to be anonymous in case he was arrested like Jesus, but his cover was blown as soon as he opened his mouth.

To the locals in Jerusalem, the Aramaic of Galilee, similar to the Arabic spoken there today, had its own nuances and peculiarities, just like the various regional accents in Scotland.

Perhaps you have heard Will Fyfe's famous song *I belong tae Glasgow*. Jamie Stuart belongs to Glasgow. So does Hugh Wyllie, and so do I. Like Peter, occasionally our accent gives us away (usually furth of Scotland). Thus, like Peter, the Glaswegian can't be anonymous. His brashness makes that impossible. The Glaswegian may be estranged from his loved ones in a distant country, but all he has to hear is that friendly greeting 'Hey Jimmy!' and he knows he's not far from home.

I'm happy to have been associated with Jamie Stuart in this his second book following the popular *A Scots*

Gospel, because this city and its people are dear to my heart, having been born and lived here for almost half a century.

The language of this book has been carefully and sensitively chosen, with due regard for the text as the Word of God. At the same time it keeps faith with its title and place of origin. It is genuinely in the Glasgow dialect and uses phrases that are in everyday currency. Stand at a bus stop in Govan, or Maryhill, Dennistoun or Carnwadric and you might just overhear comments like, 'He wis certainly the talk o the steamie' … 'He enjoyed the bevvy' … 'They left the puir sowl hauf deid' … 'Here's me starvin' … 'Ah'll jist need tae bottle ma pride an go hame.'

Familiar stories come to life in a new way. Compare the Authorized Version of the Prodigal's moment of enlightenment, 'And when he came to himself …', with Jamie's 'Ach, ah'm aff ma heid ….' And the Story of the Good Samaritan bristles with reality as the priest gives the stricken punter '… a nifty body swerve.' And what about the moving words of Jesus in the closing moments of his earthly life: 'Faither, inty yer hauns ah gie my spirit.'

Jamie's skilful handling of the material allows the narrative to bustle along like a busy shopper heading down Sauchiehall Street on a Saturday afternoon. He lets the dialogue flow with the briskness of a street vender clearing her out-of-season Christmas cards.

The Glasgow Gospel is thoroughly Christ-centred. The presence of Jesus lights up every page, and His words and deeds speak as powerfully to twentieth century Glasgow in her native tongue as they did in the Aramaic of the market-place to first century Jerusalem.

Glasgow, 1992

DEDICATION

To Elizabeth, Fiona and Kirsty.

The
FORETELLIN *o* JOHN

When Herod wis the King o Judea, there wis this priest —Zacharias, he wis cawd—who wis married tae a wumman cawd Elizabeth. They wir a guid-livin pair, the baith o them, but they hudny onie bairns an wir weel oan in years.

An so it wis that wan day, when Zacharias wis workin in the Temple, it became his honour tae take the incense inty the Temple, while aw the people wir ootside prayin.

Noo it happened that, all o a sudden, an Angel o the Lord appeared. Jist like that! There he wis, staunin oan the right-haun side o the altar. Weel, it gied Zacharias a right fright, ah can tell ye. The Angel said tae him, 'Lissen, don't be feart Zacharias. I'm here tae tell ye that God has heard yer prayer. Yer wife Elizabeth is gaun tae bear ye a son. Ye're tae caw the wean—John.

1

The baith o ye will be fair delighted when he's born an aw the folk will be happy alang wi ye. John'll come tae be a great man, fu o the power o the Holy Spirit, an will caw aw the folk tae turn back tae God.'

Then Zacharias says tae the Angel, he says, 'Naw, this isny possible! Ah'm an auld man noo an ma wife is gettin weel oan in years.'

The Angel replies, 'I am Gabriel who stauns afore God. I've been sent here tae give ye this bit o guid news. So jist lissen, will ye! Because ye didny believe what I've telt ye, I'm gauny strike ye dumb till the time the wean is born. Be sure that all I've said will come tae pass.' Wi that, the Angel disappeared once mair.

Meanwhile the folk ootside wir aw waitin for Zacharias. 'Whit cud've happened tae him?' they said tae themselves. 'Whit's keepin him so lang in the Temple?' When Zacharias appeared, sure enough he cudny speak. No wan word! The folk kent he must've seen some sort o vision in the Temple. Poor Zacharias, he stertit makin signs tae them, but still he cudny speak.

An so, when his workin days in the Temple wir feenished, Zacharias went awa hame tae his ain hoose.

Soon efterwards, Elizabeth took wi bairn—jist as the Angel had said —an it wis five months afore she wis seen again.

The
FORETELLIN *o* JESUS

Six months efter speakin tae
Zacharias, the Angel Gabriel wis
sent fae God again tae a wee place
in Galilee—Nazareth it wis cawd.
Gabriel had a message for a lassie, a
virgin, who wis engaged tae a man
cawd Joseph. The lassie's name wis
Mary.

The Angel said tae her, 'Joy be
with ye, Mary. Blessed are ye amang
weemen.'

Mary wis feart an wunnered whit
it wis aw aboot, but the Angel said,
'Don't be feart, Mary, for ye have
found favour wi God. Lissen! Ye
will conceive an bear a son an ye're
tae caw him Jesus. He will be a
great man, the Son o the Maist
High. The Lord will gie him the
throne o his fore-faither David. He
will reign over the Hoose o Jacob
forever. There will be no end tae his
Kingdom.'

Mary wis confused, 'But how

could this come aboot,' she said, 'for ah huvny a man, ye see?'

The Angel replied, 'The Holy Spirit will come upon ye, an God's power will rest on ye. Yer bairn will be God's ain Son. Ye mind yer cousin Elizabeth, her that cudny hiv a faimly? Well, she hersel is gaun tae hiv a wean, even in her auld age! Wi God—ye see—nothin is impossible.'

Mary believed that it wis true an said, 'I now belang tae the Lord. Jist let it be as ye say.'

An the Angel went away fae her.

MARY
visits ELIZABETH

No long efter that, Mary hurried
aff tae the hill country o Judea,
tae the place whaur Zacharias lived.
She went tae caw on her cousin
Elizabeth. When Elizabeth heard
Mary's voice, the wean inside her
stirred an she hersel wis filled wi
the Holy Spirit. She cried oot,
'Mary! Oh, blessed are ye amang
weemen, an blessed is that bairn ye
will bear. Who am I that the mither
o the Lord should come tae me? Ye
are blessed, Mary, for ye believed in
God's Promise!'

Mary steyed wi Elizabeth for
aboot three months afore she went
aff hame again.

The BIRTH *o* JOHN *the* BAPTIST

When the time came, Elizabeth gied birth tae a wee boy. When her freens an relatives heard aboot God's kindness tae her, they wir aw fair chuffed.

A week efter, when it came time tae hiv the wean named, they wir gauny caw him Zacharias, jist like his faither. But Elizabeth telt them, 'Naw, he's tae be cawd John!'

'Aye but nane o yer faimly's cawd John,' they said. Then they made signs tae dumb Zacharias, the faither, askin whit name he wid pick for the boy. Zacharias wrote doon his answer: 'He will be cawd John.' Right there an then his mooth wis opened an he began tae talk, praisin God!

The neighbours wir aw staggered at this an the story wis the crack o the hale o Judea. 'Whit kinna boy is this gauny be?' they wir sayin; for it wis obvious that the Lord's blessin wis restin oan him.

The
BIRTH *o* JESUS

In the time o Caesar Augustus, the Romans ordered a census tae be done o the hale country. This happened when Cyrenius wis the heid man o Syria. So aw the folk went tae be registered, each wan tae his ain toon.

Noo there wis this joiner—Joseph wis his name—livin in Nazareth in Galilee. He'd heard that everywan had tae report, an check that his name wis oan the electoral roll. So he made his wey tae Bethlehem, the birthplace o his ancestor, King David, alang wi Mary, his future wife.

Mary wis expectin her bairn, an her time wis nearly due. When they arrived in Bethlehem, there wis nae place for them in onie o the inns. But wan o the innkeepers, takin pity oan them, let them stey in his stable. An, durin the night, Mary gied birth tae a wee boy.

Meantime, that very night, there wir some shepherds livin oot in the fields nearby, keepin an eye ower their sheep. Suddenly an Angel o the Lord appeared tae them an the night sky wis fair lit up! The shepherds wir aw gob-smacked, but the Angel says tae them, 'Don't be feart, for I bring ye guid news— guid news for the hale world. This very night, in David's toon, Bethlehem, a Saviour has been born. He is Christ the Lord! Ye will find the wean aw wrapped up, lyin in a stable trough.'

At wance, the hale sky wis festooned wi angels, praisin God, sayin, 'Glory to God in the highest, peace on earth, goodwill to all men!'

When the angels went back inty Heaven, the shepherds looked at wan anither an yelled, 'C'mon! We'll away doon tae Bethlehem an see whit's happenin!' So they went, hurryin aw the wey, an right enough, there they found Joseph an Mary— an the wee wean, lyin snug in the feedin trough.

The shepherds wir fair taken wi the wean an telt aw the folk whit had happened an whit the Angel had telt *them* aboot the birth. Everywan wis dumfoonert at the story, but Mary kep it tae hersel an wunnered whit it aw meant.

Then the shepherds went back tae their fields, praisin God for the visit o the angels, an because they'd seen the wean—jist as the Angel had telt them.

The WISE MEN *fae the* EAST

Jesus wis born in the toon o Bethlehem durin the time o King Herod. Soon efter, some astrologers came fae the east, askin, 'Whaur's the new-born bairn that they're cryin the King o the Jews? We saw his star an we're here noo tae worship him.'

King Herod wis gey rummled when he heard this, an aw Jerusalem alang wi him. He cawd a meetin o the Jewish high heid yins an pit the question tae them, 'Whaur is it that this *Christ* is tae be born?'

They answered, 'In the toon o Bethlehem in Judea. Years ago it wis prophesied: *An you, Bethlehem, are no the least amang the rulers o Judah; for oot o you will come a leader tae rule ower my people o Israel.*'

Herod then took the astrologers aside an asked aboot the date they first saw the star. He sent them aff tae Bethlehem, sayin, 'Try an find the bairn an, when ye do find him, tell me, an I masel will go an worship him.'

Efter the meetin the astrologers sterted oot again. An right enough the star wis staunin there, shinin bright ower Bethlehem. Man! they wir fair burstin wi joy! They went inty the hoose, saw the wean an his mither Mary, an kneeled doon in homage. Then they opened their bags an gied presents: gold, frankincense an myrrh. The wise men, warned by God no tae go back tae Herod, then went hame by anither road.

Efter they went aff, an Angel o the Lord came tae Joseph in a dream, sayin, 'Take yer son an his mither, an escape tae Egypt. Stey there till I tell ye, for Herod is seekin oot the wean tae destroy him.'

An so Joseph set oot, takin the wee bairn an his mither aff tae Egypt. When Herod saw that he had been jouked by the astrologers, he wis gey mad an gied orders tae kill aw the wee boy bairns o two year auld an under, in Bethlehem, an aw the places roon aboot.

But it happened that Herod died, an soon efter an Angel appeared in a dream tae Joseph in Egypt, sayin, 'Ye can go back now tae Israel; those that wir seekin tae kill the wean are dead.' So Joseph went back right away wi the boy Jesus an his mither.

JOHN *the* BAPTIST

When they wir livin in Nazareth, John the Baptist appeared, preachin oot in the desert o Judea.

'See here!' John wis cryin tae the folk, 'God's Kingdom is oan its wey. Check that ye're aw ready. Pit yer lives right wi God.'

The prophet Isaiah, by the wey, had telt aboot John's comin: *'Prepare the wey o the Lord. Straighten oot the road.'*

John wore a rough jaicket, tied aroon his waist wi a leather belt, an he lived oan locusts an wild honey. When he preached, he cried oot, 'Ah baptise ye wi watter for repentance, but the wan comin efter me is far stronger. Ah'm no even fit tae tie *his* shoe laces. See this man? He'll baptise ye wi the fire o the Holy Spirit!'

FISHERS *o* MEN

When Jesus heard that John had been pit in the jail, he went aff tae Galilee. From then oan he sterted his preachin, sayin, 'Turn fae yer sins an turn tae God.'

Noo wan day, as Jesus wis takin a wee bit dauner alang the beach, he saw two brithers, Simon Peter an Andy, castin their net inty the watter. 'C'mon wi me,' Jesus said tae them, 'an ah'll teach ye—no tae catch fish, but tae catch men.' Right there an then, they left the fishin an went wi Jesus.

A wee bit further alang the beach, Jesus saw two mair brithers, Jimmy an John, mendin their nets wi their faither (he that wis kent as Zebedee). Jesus cawd tae the brithers an at wance they left their faither an went alang wi Jesus.

At this time he went tae a place cawd Capernaum an sterted teachin oan the Sabbath Day. The folk wir bamboozled at the patter o the man cos he spoke like wan that really kent the truth. He wisny jist repeatin the religious spiel o the day.

Noo there wis a man in the synagogue under the influence o some evil spirit. He sterted up his rantin an screamin at the tap o his voice, 'Ye lee us alane! Whit've ye got tae dae wi uz, ya Nazarene—hiv ye come tae kill uz?—Oh, wait noo, ah ken who ye are. Ye're God's Holy Wan!'

'Haud yer wheesht!' Jesus ordered the spirit. 'Come oot o the man an gie him peace.' An the evil spirit threw the man tae the grun an went away fae his body wi'oot daein onie mair herm.

Weel, the folk wir aw dumfoonert, as ye can imagine, an sterted askin, 'Whit kinna man is this? He jist gies orders tae the evil spirits an oot they come!' From then oan, Jesus wis the talk o the steamie, right enough.

When Jesus came inty Peter's hoose, he saw Peter's mither-in-law lyin in bed wi a fever. Jesus stood ower the bed, checked the fever, an at wance, guess whit, the auld wumman stood up aw fit an weel again. She even stertit makin the tea for them aw.

An so,when the sun went doon that night, the people aw brought their sick freens tae Jesus, an wi wan touch o his hauns—they wir healed!

The
TWELVE APOSTLES

The time had come noo for Jesus tae stert an preach in earnest. He kent that he wid need folk tae help him, so he picked a dozen men tae tell oot the guid news o God's Kingdom.

These are the names o the Twelve: Simon (usually cawd Peter), Andy (Peter's brither), Jimmy (Zebedee's son), John (Jimmy's brither), Philip, Bartholomew, Tammas, Matthew (him that wis the tax-man), James (the son o Alphaeus), Thaddaeus, Simon (him that wis the freedom-fechter), an Judas Iscariot (the wan that wis tae turn traitor).

The
GUID SAMARITAN

Wan day an expert lawyer tried tae trick Jesus. He said tae him, 'Maister, ah'm keen tae hiv this everlastin life that God has promised. How dae ah get it?'

Jesus said, 'Ye hiv the answer right there in yer law-book, ma freen—whit dis *it* say?'

An the lawyer replied, 'Ye've got tae love the Lord God wi yer hale hert, soul, mind an strength; an ye've got tae love yer neighbour as weel as ye love yersel.'

'No bad,' said Jesus. 'Jist act like that an ye'll please God.'

But the lawyer wisny contented wi that an asked again, 'Aye—but jist exactly who is my neighbour?'

Jesus decided tae illustrate his meanin wi a wee story: 'Wan day,' he said, 'a man wis travellin alang the dangerous road fae Jerusalem tae Jericho. Suddenly some rough yins laid inty him, whipped aw his gear an claes, an left the puir sowl hauf deid. Noo a Jewish priest happened tae be gaun doon that same road. He sees the man lyin there, turns his heid, an gies him a nifty body swerve.

In the same wey, a Levite comes oan the scene, offers nae help, an jist leaves the puir auld punter lyin there.

Finally a Samaritan comes alang the road. He sees the man an is touched wi pity. He goes ower beside him, kneels doon, an cleans his wounds. Then he pits him oan his ain donkey an fixes him up at the nearest inn. He looks efter him durin the night an in the mornin squares up wi the innkeeper, promisin tae look in oan his wey back.'

Jesus then turned tae the lawyer, 'Noo then, which wan o thae three wis a neighbour tae the wounded traveller?'

'Och, dead easy,' said the lawyer, 'the man that wis kind tae him.'

Jesus answered, 'Right then, Jimmy, jist you dae the same!'

The
PARABLE *o the* SOWER

O an wan occasion, Jesus wis
preachin at the side o Galilee
watters an a big crowd appeared, aw
pushin an breengin roon aboot him.
So he decided tae clamber inty a
boat for a wee seat, so that the hale
crowd staunin oan the land wis
facin the watter.

Noo wan o Jesus' best stories wis
aboot a fermer sowin seed an so he
telt it tae them. 'Lissen tae me,'
Jesus cawd oot ower the still loch.
'There wis this fermer. Wan day he
wis sowin his grain. As he scattered
it, some fell oan a path, an the burds
picked it aff the grun an ate it up.

'An some fell oan rocky grun
where there wisny much dirt, an
when the sun came oot, the wee
plants which hudny firm roots jist
withered aw away.

'An some grain fell amang
thistles an the life wis fair choked
oot o the plants.

'Hooever, some o the fermer's grain landed oan fertile soil, an when it grew, weel it gied oot a right rich harvest.'

Jesus finished his story, sayin, 'If ye hiv ears oan yer heid—then use them tae lissen.'

The disciples scratched their heids: 'Maister, we're no jist sure aboot the meanin o yer story.'

Jesus then telt them—'The fermer sowin his grain, he stauns for folk that spread God's guid news.

'Noo the grain that falls oan the hard grun, weel it's like the folk who hear the guid news, but soon efter the Devil comes alang an takes it away fae them.

'In the same wey the grains oan the rocky grun staun for the folk who hear the message wi joy, but as it disny strike a right deep root in them, they gie up when the times are hard.

'An some folk, weel they get the guid news comin tae them amang the thistles: they hear the message right enough, but the lust for money

an the fast-livin is their first wish.
God's message is blotted oot o their
herts an nae crop comes fae them.

'But some ither folk are like the
grain sown in the guid soil. They
welcome God's word inty their herts
an stert tae produce a rich harvest
for the Lord.'

JESUS *feeds*
the FIVE THOOSAN

Wan day the wee band o helpers that Jesus had picked oot wis reportin back tae him aboot aw their preachin ploys. 'Right then,' said Jesus, 'Ah kin see ye're tired. So we'll stert oot in the boat an get away fae the crowd for a wee bit. We could aw dae wi a rest.'

An so they set aff across the loch. But, guess whit, oan landin they fund the hale shoreline mobbed wi folk aw desperate tae hear mair sermons. Jesus wis hert sorry for them an sterted wance again wi his teachin.

As the day wears oan, Jesus' disciples say tae him, 'It's gettin oan, boss. Ye'd better send them aff tae the nearest toon, they'll aw be gettin famished.'

'Not at aw,' says Jesus, 'You jist gie them somethin tae eat.'

'Ach, away wi ye, maister!' the disciples gaped. 'Wi aw that lot oot there it wid cost us a sma fortune.'

But Andy speaks up, 'Lissen, dinny laugh will ye, but there's a wee boy here who's willin tae part wi his piece. It's no a lot, mind— five rolls an a couple o fish … '

Jesus telt them aw tae sit doon oan the grass. He took the rolls an the fish, an raisin his heid tae the heavens, he said the blessin.

Naebody could ever quite understaun jist exactly whit happened next, but the hale crowd wir gied food enough tae eat till they wir aw fu. The rolls an fish wir broken an everywan o them got a fair share. Mair than that— efterwards they gethered up near *twelve baskets* o the left-overs.

Wid ye credit this? There wis ower five thoosan men, weemen an weans takin part in this muckle meal. Fair astonishin, so it wis!

ZACCHAEUS

When Jesus went oan inty Jericho, there wis this man cawd Zacchaeus. He wis the heid tax man for the district an so wis quite rich—in fact he wis really loaded! But though he had plenty o money, he wisny whit ye might caw happy, an he wis dead keen tae meet this Jesus he'd heard aw aboot.

Zacchaeus, bein a wee man, canny get near oan accoont o the great crowd o folk roon aboot Jesus. So he decides tae sclim up a sycamore tree beside the road tae watch.

When Jesus eventually comes alang, he spies Zacchaeus. Lookin up, he shouts, 'Hi there, wee man—come doon will ye! Ah've decided tae invite masel tae yer hoose for a meal this efternin.'

Tae say that wee Zacchaeus wis fair chuffed is pittin it mildly! The rest o the folk, by the wey, wir no very pleased that Jesus wis gauny eat wi a man they cawd a crook.

But already Zacchaeus is a chinged man! He says tae Jesus, 'Lord, see me? Ah'm gauny gie hauf o ma money tae the poor. An ah'll promise tae look efter aw the folk that ah've cheated, so ah will.'

Jesus turned roon tae the dumfoonert crowd an telt them tae haud their wheesht: 'This man wis a sinner,' he said. 'He's fun peace at last.'

The
PRODIGAL SON

Jesus said, 'There wis wance a man that had two sons. The younger wan said tae his faither, 'Hey faither, kin ah ask ye a favour —why no gie me the share o the faimly gear right noo tae save me waitin till yer deid?'

The faither wis hurt, but agreed, an split his property between the two sons. A wee while efter, the younger son picked up aw his gear an left hame for the bright lights an the big city.

It wisnae lang afore he wasted his hale fortune oan the bevvy, an the parties, an livin it up. Jist when he wis hittin rock bottom, a terrible famine swept ower the country. He needed work right bad, but aw he could get wis a job wi a fermer, feedin the pigs. He wis so famished that he cud've fair eaten the beans he wis feedin the pigs. Naebody took pity oan him.

Finally he gets wise an says tae hissel, 'Ach, ah'm aff ma heid, so ah am—at hame even ma faither's servants are weel looked efter, an here's me stervin. Ah'll jist need tae bottle ma pride an go hame. Ah'll confess tae ma faither that ah've done wrang an ask him tae sign me up alang wi the servants.'

So he gets up an sterts oot for hame. He's still a lang wey fae his hoose when his faither catches sight o him an runs oot tae meet him. He throws his airms aroon his son an kisses him.

The boy wis greetin, 'Ah'm sorry faither—honest, so ah am! Ah'm jist a loser an no fit tae be cawd yer son.'

But his faither shouted tae the servants, 'Fetch oot some nice clean claes for ma boy, an a ring for his finger—aye, an ah want ye tae kill the prize calf. Wir gauny hiv oorsels a real celebration this very night!'

Noo the big brither wis comin in fae the fields an when he came near the hoose, he heard aw the music an the jiggin. He cawd tae wan o the servants an asked whit wis up.

'Yer wee brither's come back hame, sir,' he wis telt. 'Aye, an we're celebratin like. Yer faither has even killt the prize coo for the feast.'

The big brither wis beelin—an widny go inty the hoose. So the faither comes oot tae reason wi him. He answers his faither, 'Och, haud oan an lissen tae me. Ah've slaved for ye aw thae years an ye didny even wance gie a party for me. An noo that wee nyaff comes back! Been oan the randan, so he has! Spent aw yer money oan booze an hooers! An ye kill yer best coo for him?!'

The faither wis hurt at aw this. 'Ma son,' he says tae him, 'Ye've aye been here wi me. Ye must ken that aw that's mine is yours. But ye see, it wis right tae celebrate. Ah thought ma son wis deid—an he's come back tae life. He wis lost, an noo he's come hame.'

JESUS *in the* TEMPLE

When Jesus arrived in Jerusalem, the hale place wis in an uproar. Some folk didny ken aboot Jesus an asked who he wis. The crowd said, 'This is the great prophet—Jesus; he comes fae Nazareth in Galilee, so he does.'

When Jesus went inty the Temple, he wis furious at whit he saw gaun oan. Barras everywhere—buyin an sellin—wheelin an dealin! At wance he heaved ower the tables o the money-chingers, an upset the stools o the pigeon-dealers, cryin oot: 'God said this Temple is for prayer an worship. You lot hiv turned it inty a den o cheats!'

Efter the rammy died doon, some blind an crippled folk came up tae Jesus in the Temple an he wis gled tae cure them aw. But when the Heid Priests an the Doctors o the Law saw the miracles Jesus wis daein, an even heard the wee weans in the

Temple cryin oot, 'Praise be tae the Son o David,' they wirny best pleased.

So Jesus jist left them tae it, an went oot o the city tae his ludgins in Bethany.

The
PLOT *against* JESUS

Efter they saw Jesus workin his miracles, lots o the Jews pit their faith in him. But there wir ithers who didny want tae believe his message an reported aw his activities tae his enemies.

The Heid Priests an Pharisees moaned, 'Whit are we gauny dae wi this heidbanger? If we lee him alane, the hale country'll believe whit he says. There'll be a right stushie an the Romans'll pit the hems oan us aw!'

Then Caiaphas, who wis the Chief Priest for that year, spoke up, sayin, 'You're aw right fools! Ye know nothin! There's nae need for the hale country tae perish. D'ye no see? It'll suit us better if jist *wan* man dies for the sake o the people.'

In fact Caiaphas didny work oot this plan by himsel. He didny realise that he wis fufillin a prophecy that Jesus wis tae die so that aw the children o God wid be brought thegither right aroon the world.

So fae that time oan, the Jewish leaders sterted plannin tae kill Jesus.

Aboot this time, Jesus stopped his public preachin, an went aff tae the toon o Ephraim, an steyed there wi his disciples. The Jewish Passover wis gettin near, an many folk had arrived in Jerusalem before the feastin sterted. They wir busy lookin for Jesus in the Temple, wunnerin, 'Whit dae ye think? Will he turn up for the feast? It's no likely!' For the Heid Priests an Pharisees had gied orders tae pit Jesus in chains, sayin, 'If onie person sees Jesus, it must be reported *at wance*!'

The
PLOT *tae arrest* JESUS

When Jesus had feenished aw his teachin, he telt his disciples, 'See the Passover Feast? It's gauny stert in two day's time. An ah must tell ye somethin—a traitor will turn oan me, an ah'll be crucified.'

The disciples stared at each ither, flabbergasted at whit he said. They whispered amang theirsels, 'Whit's the story? Who wid betray the Maister d'ye think?'

Meanwhile aw the Heid Priests an Elders o the people gaithered thegither in the coort o Caiaphas the Chief Priest. They laid plans aboot how they wir gaun tae get a haud o Jesus quietly, an then *kill* him.

'But it canny be done durin the Feast,' they aw agreed. 'There wid be a right stramash!'

Judas' Betrayal

Then wan o the twelve disciples —the wan cawd Judas Iscariot —went tae the Chief Priest Caiaphas an said, 'Whit will ye gie me if ah lead ye tae Jesus?'

They coonted oot thirty coins, an gied them tae Judas. So, fae that time oan, he watched oot for the best wey tae betray Jesus.

The LORD'S SUPPER

Late that night, Jesus sat doon tae eat wi the twelve apostles. Jesus took the breid an said a prayer o thanks.

He broke the loaf an shared it roon the disciples, sayin, 'This is my body that will be gien up for ye aw.'

Then he took a cup o wine an haunded it roon sayin, 'An this is ma life-blood, that will be shed by me tae forgie yer sins. But, mark this—ah'll drink nae mair wine until ah drink it fresh in the Kingdom o God.'

The NEW COMMANDMENT

Jesus then took his disciples tae wan side an telt them, 'Ah'll soon hiv tae leave ye aw—an though ye search for me, ye canny follow efter. So lissen, here's ma new command for ye: ah want ye tae love wan anither, jist the wey I loved ye aw. That's the only wey that ye can prove tae folk that you are ma followers. There's nae greater love in aw the world than this; that a man should lay doon his life for his freens. Don't let yer hert get heavy. Trust oan God—*trust oan me*. An mind, there are plenty rooms in ma faither's hoose. Ah'm gaun there tae prepare a place for everywan o ye. When things are ready, ah'll come back for ye an we'll aw be thegither wance mair …'

The
ARREST *o* JESUS

Jesus then led his freens tae a quiet garden they cawd Gethsemane, near the Mount o Olives.

While he wis speakin tae them, Judas Iscariot arrived alang wi a mob kitted up wi swords an clubs. They'd been sent by the Elders an the Heid Priests.

Judas had gied them a signal tae watch oot for, sayin, 'Keep yer eyes oan me—ah'll gie a kiss tae the man that ye're efter.'

The traitor made straight for Jesus an embraced him, sayin, 'Hullo, Maister.'

Jesus answered him, 'Judas, ma freen, jist dae yer deed—but dae it quickly!'

The mob grabbed Jesus an pit him under arrest. Simon Peter wis mad at them. He drew oot his sword, an carved aff the lug o the Heid Priest's servant. But Jesus widny hiv that an warned him, 'Peter, Peter, ma son, pit by yer sword. Ah'll tell ye, everywan that lives by the sword, dies by it!' Then Jesus pit his haun tae the man's lug an healed him.

Jesus then turned tae the mob, sayin, 'Did ye really need tae come oot for me wi yer swords an clubs? Ye ken ah sat doon every day wi ye, teachin in the Temple, an ye never pit a finger oan me!'

The disciples by noo wir shattered. Wan an aw, they took tae their heels—an deserted their Maister.

JESUS *afore the* COONCIL

Jesus wis then huckled aff tae where the elders an scribes wir gaithered an wis stood in front o Caiaphas the Chief Priest. Big Peter followed ahint an sat doon alang wi the servants, wunnerin whit wid happen next.

The Cooncil wir determined tae hing Jesus, but they kent fine that they hudny onie real evidence against him. Then a couple o stool-pigeons came up an said, 'See this flyman? He said he could smash up the Temple o God an fix it up again in jist *three* days!'

The Chief Priest rose up tae his full height. 'Will ye answer me?' he says, 'Whit is it that aw the folk are sayin aboot ye?'

Jesus didny say wan word.

Then Caiaphas began tae lose the rag an yelled at him, 'I charge ye, by the livin God, are you the Christ —the Son o God?'

Jesus answered, 'It's you that's sayin it! I'll tell ye this—in the future ye will aw see the Son o Man sittin at God's right haun an returnin oan the clouds o Heaven.'

Weel Caiaphas near went aff his heid at that an sterted tae rip at his ain claes, screamin oot, 'Blasphemer! We've nae need for mair witnesses. Ye've aw heard him—whit's yer verdict?'

They aw cried oot, 'Guilty! He deserves tae die!'

An they began tae strike at Jesus an spit oan his face an taunt him. 'Aye then, Messiah—gauny prophesy noo for us—who hit ye?'

PETER *denies* JESUS

Meantime Peter wis sittin oot in the courtyard. An this burd comes up tae him an says, 'Wir you no a pal o that Jesus, the man fae Galilee?'

'Don't know whit ye're bletherin aboot,' said Peter.

Then he went oot inty the porch an anither lassie spots him, an she cries tae the folk staunin aroon, 'See this yin here? He wis alang wi that Nazarene!'

Wance mair Peter denied it an swore at them, 'Ah've telt ye—ah dinna ken the man!'

But mair o the folk thought for a bit an said tae Peter, 'Jist haud oan a minute, by the way. *Ye are so* wan o them wi that Jesus—for the wey ye speak gies ye away!'

Peter sterted tae curse at them, 'Ah'm tellin ye the truth—*ah dinna ken that man*!'

Jist then a cock began tae craw

an Peter wis minded whit Jesus had telt him, 'Afore the cock craws ye'll deny me three times.'

Big an aw as he wis—Peter crept ootside—an began tae greet.

JUDAS *hings* HIS-SEL

When Judas, the traitor, saw Jesus condemned, he wis a gey sorry man. So he went back tae the Jewish heid-men wi the money.

'Ah wis wrang, so ah wis. Ah've pit an innocent man tae his daith.'

'That's yer ain problem, Judas,' they telt him. 'It's nae concern tae us.'

So Judas threw the coins ower the flair o the Temple.

Then he walked tae the ootskirts o the city—an whit did he dae? He hung his-sel!

JESUS *afore* PILATE

In the mornin, aw the elders an the heavy team gaithered roon Jesus, ready tae pit the final clamp oan him.

They yanked him afore the Governor, Pilate wis his name.

'Right then, man—tell us, are you the King o the Jews?' Pilate asked, nae messin aroon.

Jesus answered, 'My Kingdom disny belang tae this world. Na, it disny belang here.'

Pilate came back at him, 'But ye are a King then, so ye say?'

'*You* say that!' Jesus replied. 'For that purpose I wis born; I've come tae bring truth tae the hale world. People seekin this truth will hear my voice.'

Pilate, tryin tae be clever, said, 'So!—whit is truth?!'

JESUS *haunded ower*

Durin aw this time the mob oan
the street wir screechin oot,
'Crucify the Nazarene! Crucify!
Crucify him!'

Pilate came oot tae shush them
up an try tae reason wi them.

'This man Jesus,' he says tae them,
'he's innocent. He disny deserve tae
die. Spare him. Lissen. It's yer
Passover time an for that I'll set jist
wan prisoner free. I'll free Jesus,
what d'ye think?'

The punters bawled oot their
bile, 'Naw! naw! no him! Gie us
Barabbas! We want Barabbas!'

Noo this Barabbas wis a real
hard nut—a terrorist in fact—an he
wis inside oan a murder rap.

Pilate wis gettin fair demented
by this time. He wis wary o a rammy
brekin oot. He kent fine that Jesus
wisny guilty o onie crime, but still
an aw, he wis thinkin tae his-sel,
'Release Jesus wi this mob hingin

aroon? Nae chance!' So he let
Barabbas aff the hook.

Mind you, he wanted tae show
that he wis washin his hauns o the
hale business, so he sent for a basin
o watter an scrubbed his hauns in
front o the mob. Then he sent Jesus
aff wi the sodgers—tae be crucified.

JESUS
nailed tae the CROSS

The sodgers forced Jesus tae cairry his ain cross tae the place o execution, Golgotha, oan the ootskirts o the city. But oan the wey, Jesus wis staggerin under the great weight o it an a man in the crowd, Simon fae Cyrene, wis made tae cairry the cross instead.

At Golgotha the sodgers nailed Jesus tae the cross, hoistin him up alang wi two robbers, wan oan either side.

Some o the folk passin by wir yellin up at him, 'Hey you—aye—if ye're the Son o God, come doon fae that cross.'

An others sterted tae mock as weel, 'He saves ithers—but he canny save his-sel. If he comes doon aff there, we'll believe him—even noo! He trusted oan God an said he wis his Son. Weel then—let the Faither save the Son!'

JESUS *crucified*

When it came tae the middle o the day the hale country wis plunged inty a spooky darkness.

At three in the efternin Jesus cried oot fae the cross, 'My God, my God, why hiv ye left me?!'

Then wan o the criminals oan the next cross said tae him, 'Hey freen, are ye no *the Christ*? Gauny prove it then an save yersel—aye, an us tae while ye're aboot it.'

But the other criminal shouted ower, 'Belt up you! We deserve tae die, but this man didny dae onie wrang.'

Then he whispered ower tae Jesus, 'Will ye keep mind o me?'

An Jesus said, 'Today ye'll be wi me in Paradise—ah promise .... '

Then Jesus cried oot in his agony, 'Faither, inty yer hauns I gie my spirit.' An wi these words, Jesus breathed his last.

Then the veil o the Temple wis

ripped fae tap tae bottom; the grun shook, rocks split, an graves burst open.

When the sodgers saw the earthquake, they wir gey feart; an wan o them whispered, 'Aye—for sure—there can be nae doot. This man—wis God's son.'

JOSEPH'S TOMB

O an that same night, wan o Jesus' supporters, a well-heeled man fae Arimathea cawd Joseph, went tae Pilate an asked for the body o Jesus.

Pilate ordered the body tae be gien ower, an Joseph wrapped it up in a clean linen cloth an pit it in his ain new tomb.

Then a huge stane wis rolled ower tae stop up the door o the tomb.

The RESURRECTION

Early oan the Sunday mornin, Mary Magdalene an Mary the mither o James, went tae the grave takin sweet smellin ointments tae pit oan the body.

But when they got close up tae the tomb, the first thing they saw wis that the huge stane had been moved oot the wey. They went in, kinna feart-like.

All o a sudden two men wir staunin in front o them. The weemen wir terrified an cudny even look up.

The men said, 'Tell us, why are ye searchin amang the graves for someone who's alive? He's no here! He's come back tae life again! D'ye no even remember whit he himsel telt ye when he wis with ye in Galilee—that the Christ must be haunded ower tae evil men, nailed tae the cross, an be raised tae life again oan the third day?'

Then, sure, they remembered

whit Jesus had telt them. So they belted back in joy tae Jerusalem an telt the eleven disciples an aw the ithers, 'He's alive! Jesus is alive!'

The EMMAUS ROAD

Oan that very same day, two freens o Jesus wir oan their wey tae a village cawd Emmaus. While they wir talkin aboot whit had happened, Jesus himsel caught them up an began tae walk alang the road wi them.

They *saw* him aw right, but they didny recognise that it wis Jesus.

'D'ye mind tellin me whit the two o ye are gaun oan aboot?' Jesus asked them.

Wan o them, Cleopas, replied, 'Jings, pal. Are ye the only wan in the hale o Jerusalem that huzny heard o the terrible things that've been happenin?'

'Like, whit things?' said Jesus.

'Aboot that Jesus fae Nazareth,' Cleopas answered. 'He wis fund guilty by oor ain Heid Priests an pit tae death by them Romans. Aye— nailed him oan a cross, so they did. Man, he wis a great prophet, God kens that. We wir hopin he wid be the kin o leader that wid set us free fae thae Romans, but it jist didny work oot that wey.'

Then Jesus spoke tae them. 'D'ye no understaun whit the prophets hiv said? That Christ wis supposed tae suffer first before he reached his glory?'

As they wir comin near the village, Jesus wis for pressin oan, but they said tae him, 'Haud oan wi us pal, it's gettin dark.'

So Jesus went hame wi the two disciples an they sat doon tae eat. Jesus said the blessin an took up the breid an shared it oot. Right there an then, they *saw* it for themsels, they minded this wis aye whit Jesus did. This wis Jesus right enough— an he wis alive!

All o a sudden he vanished oot o their sight.

They turned tae wan anither in astonishment. 'Ah tell ye, freen,' wan said. 'Nae wunner oor herts felt oan fire when he wis talkin tae us oan the road.'

They set aff right away for Jerusalem an met the ither disciples.

They cried oot, 'Hiv we got news for ye! Lissen! Ye'll no can credit it. But it's true! Jesus—the Maister—has risen fae the grave, so he has! We've seen him! Its true. Honest! God be praised! Oor Jesus is alive!!'

At the
LOCH *o* TIBERIUS

E fter this, Jesus showed himsel wance mair at the Sea o Tiberius, when Simon Peter, Tammas, Nathanael an anither couple o his disciples wir aw thegither.

Simon Peter said he wis aff tae fish, an the others said they might as weel go alang wi him.

They got inty the boat, but caught nothin aw night.

As the dawn wis aboot brekin, Jesus wis staunin oan the beach ahead o them, but the disciples hudny a clue who it wis.

He shouts oot tae them, 'Hey there! Hiv ye got a catch?'

An they shout back, 'Naw, nae luck freen.'

'Weel, ah tell ye, cast yer net tae the starboard an see whit happens!'

Wi nothin tae lose they cast the net, an here, guess whit, they hudny a hope o pullin it back in for aw the weight o the fish in it.

Then wan o the disciples gets the message in a flash. 'Weel, wid ye credit it?' he began tae yell. 'It's Jesus his-sel!'

When he heard this, Peter pit oan his shirt—cos he wis stripped tae the waist—dived inty the sea, an swam tae the shore.

The rest had tae stey in the boat tae haul the hale net o fish tae the beach. But when they landed they saw a fire wi fish oan it, an some breid.

'We'll hiv some breakfast,' Jesus said. 'Bring me some o the fish fae yer haul.'

Then Peter—his big hert near burstin wi happiness—jumped inty the boat an hauled the bulgin net ashore.

Jesus then took the breid an gied it tae them, an the same wi the fish. They wir aw thegither again.